CONTRE LA MECQUE

PAR

CÉLESTE ARTUSIAT

1893

—

PARIS

CONTRE LA MECQUE

PARAITRA PROCHAINEMENT :

LA TURQUIE

A LA MORT

DU SULTAN ABD-UL-HAMID KHAN II

PAR

CÉLESTE ARTUSIAT

CONTRE LA MECQUE

PAR

Céleste ARTUSIAT

1893

PARIS

CONTRE LA MECQUE

Depuis quelque temps déjà, l'Europe s'est émue des dangers incessants que présente le pèlerinage musulman à la Mecque, et maints écrivains se sont mis en campagne pour protester, au nom de l'humanité, contre l'éventualité, sans cesse renaissante, d'une épidémie dont les gouvernements civilisés semblent avoir tacitement accepté la menace.

S'il fallait en croire certains personnages confidents voués de toutes les coteries politiques en Occident, des notes diplomatiques secrètes auraient été échangées entre divers cabinets dans le but d'assurer au mal, à défaut d'une répression radicale, au moins un palliatif qui donnât satisfaction à l'opinion publique.

Sans le vouloir contester, la tâche est fort ardue. L'adhésion unanime des puissances européennes pourrait seule la mener à bien. L'initiative d'une seule serait aussi téméraire que dangereuse pour elle, chacune étant, dans ses possessions extraterritoriales, plus ou moins dotée de populations musulmanes dont la domination devient si difficile lorsqu'on attaque un dogme de leur foi.

Toutes les susceptibilités, les craintes qui ont retenu jusqu'ici les gouvernements intéressés n'auraient plus, par cet accord, leur raison d'être ; et l'opposition toute morale du Calife, voire même du grand Schérif, ne saurait résister longtemps au verdict formel d'une conférence qui, pour donner plus de poids à son mandat, se tiendrait à la Mecque même.

La question de dogme, la seule qui fasse

hésiter les Etats, ne saurait résister devant l'adoption de mesures prophylactiques sérieuses, et le fanatisme le plus timoré serait bientôt réduit, si l'on voulait, le cas échéant, s'en rapproter aux textes même du Coran dont les pages offriraient très certainement matière à des interprétations contradictoires puisées dans son essence même.

Lorsque les Sultans ont eu besoin des ulémas pour ratifier certaines réformes jugées nécessaires, ceux-ci ont su aisément trouver le verset pour les appuyer sur la loi religieuse. Le Prophète n'a-t-il pas dit : « Les docteurs « de la foi musulmane ne sauraient faillir, leur « veto fait loi » ? Outre ce précepte, on en citerait mille autres où la recherche du mieux pressentie repose sur la justice et l'amour de l'humanité.

Ce ne sera jamais par la persuasion que l'on arrivera à empêcher chaque année l'insalubre agglomération de 200 à 300,000 indivi-

dus à la Mecque. Venus malpropres, dégue-
nillés, dans le plus sordide dénûment, des
quatre coins du monde islamique, ils sèment,
à leur retour, le germe d'épidémies contre
lesquelles tous les offices sanitaires réunis
demeureront impuissants.

Toutes les mesures qui seraient prises par
le gouvernement turc seront toujours anodines;
car le Sultan, qui est, malgré la volonté du
Prophète, chef spirituel et politique à la fois,
doit, s'il veut conserver ces deux pouvoirs, ne
jamais blesser les susceptibilités de ses peuples
musulmans.

Telle qu'elle a été créée par le Sultan Sélim Ier, la situation des souverains présidant
aux destinées chancelantes de l'Empire ottoman fait qu'ils sont bien moins maîtres d'un
Etat que chefs d'une vaste communauté religieuse, devant les intérêts de laquelle leur
pouvoir temporel est fatalement obligé de se
morfondre.

Une des causes qui font la faiblesse de cet Empire, jadis si étendu, c'est cette incompatibilité des deux éléments sans cesse en opposition : tout décret impérial dont les corps religieux n'auraient pas ratifié l'urgence est voué au néant. Les immunités du culte sont trop alléchantes pour que jamais les Sultans, en tant que chefs spirituels, puissent en distraire une seule : la question d'Etat n'est rien ; la religion, c'est tout.

Il est bien loin de nous ce temps où le Sultan Mahmoud dictait, devant les ulémas réunis à l'ombre de l'étendard sacré, le massacre des janissaires et l'extermination des derviches ; mais la lutte des Sultans contre le pouvoir religieux s'est étouffée rapidement sous le règne de ses successeurs. De plus, dans ces derniers temps, Abd-ul-Hamid l'eunuque, comme on l'appelle dans son palais même, s'est livré corps et âme à un amas de fanatiques qui ont l'audace de déclarer hautement la guerre au progrès et se rient, sans vergogne, de l'impuissance morale de leur souverain.

On a fait parade à Constantinople de mesures prises, de commissions organisées en vue de circonscrire le fléau dont l'Europe est sans trêve menacée. Tout cela fait très bien avec accompagnement de grosse caisse ; mais les Arabes sont là, et toute volonté de bien faire, en admettant qu'elle existe, vient se heurter aux avantages que leur assure le pèlerinage, prérogatives défendues par ceux-là même qui étaient chargés de les détruire.

Les médecins sanitaires envoyés en ces pays barbares savent trop bien à quoi se réduit leur mission. S'ils l'oubliaient, la poudre toujours gracieusement fournie par l'Angleterre qui entretient continuellement un germe d'opposition parmi les tribus est là pour le leur rappeler ; mais, confiants, les gouvernements européens se laissent prendre au déploiement d'un appareil où, il faut le reconnaître, le Sultan, le Calife, veux-je dire, ne ménage pas les frais de mise en scène, quand il s'agit d'une représentation solennelle.

Donc, soit ignorance, soit fanatisme, le Sultan ne veut ni ne peut faire disparaître le danger par l'adoption de mesures énergiques ou la suppression du pèlerinage. Pour ces raisons, il faut, disons-nous, que les Etats civilisés en prennent l'immédiate initiative.

Nous avons voulu nous rendre compte des objections que des mesures prohibitives seraient susceptibles de faire surgir, et nous avons consulté pour cela maints personnages influents dont le savoir en matière de théologie musulmane n'est pas à mettre en doute.

Des différents avis que nous avons recueillis nous ne citerons que celui du Cheick-ul-Islam actuel, Son Altesse Ahmet-Djélab bey, qui ne fait que les corroborer tous. Il est vrai que lorsqu'il nous déclara son opinion sur ce point, il n'était que secrétaire du culte ; les regards du souverain ne s'étaient pas encore arrêtés sur lui. Il est de fait qu'à Constantinople on arrive aux extrêmes grandeurs en influençant sur les décisions du Calife par une habile opposition à ses vues personnelles.

Aussi, selon l'avis de l'honorable secrétaire, rien ne s'oppose à l'abolition du pèlerinage annuel créé à la suite d'un usage abusif qui, dès le principe de la foi musulmane, en dénature la forme.

Dans l'esprit de Mohammet, seuls les délégués des tribus devaient se réunir une fois l'an à la Mecque pour y discuter des affaires de chacune d'elles. Comme c'est encore le cas aujourd'hui, les routes étaient à la merci des brigands ; les délégués, pour assurer leur marche, armaient un fort effectif d'individus qui formaient leur escorte. La Mecque bénéficiait de la sorte des avantages nombreux procurés à son commerce par ce surcroît de bouches.

D'année en année, les rangs des dévots s'en vont croissant : les uns attirés par une sainte vénération pour les lieux berceau de leur foi, les autres par ce simple besoin d'aventures qui fait que l'Arabe sera toujours nomade et, partant, réfractaire aux grandes lignes de la civilisation occidentale. Mais si l'affluence augmente toujours, l'assemblée instituée par Mohammet a perdu bien vite son influence pour faire place au despotisme absolu des Califes. En effet, trois ans après la mort de son fondateur, — sous le califat d'Omar, qui prend le titre d'Emin-el-Muménin, — on n'en voit déjà plus la trace.

Pourtant ce va-et-vient de fidèles avait créé dans la ville une source de bénéfices auxquels les habitants auraient bien difficilement renoncé. Devant la cause disparue, les Califes, successeurs du Prophète, n'osèrent en arrêter

les effets, car mieux valait encore tolérer les
caravanes ainsi organisées que de les con-
trarier, et s'exposer aux protestations des
turbulents Mecquis, dont le fait d'être nés
à l'abri des murs de « la ville sainte » leur assure le privilège d'imposer leurs lois aux musulmans qui ont vu le jour sous d'autres
cieux.

Ne ressort-il pas de ces quelques lignes la
condamnation du pèlerinage, dont la nécessité
n'est aucunement sous le poids des ordonnan-
ces divines présentées par Dieu au Prophète ?
C'est dans les « Sunnets » seuls qu'il en est
question, et ces articles dictés par Mahomet
lui-même rendent discrétionnaires leur prati-
que au même titre que les conseils basés sur
l'interprétation du Coran.

Que ce soit un acte de mérite, nous voulons
bien l'admettre, et en tel cas doit-il être sub-
ordonné à un développement de mesures prophylactiques propres à assurer, sinon la com-

plète destruction du fléau, du moins son entière localisation.

Dans l'état où se trouve l'Empire ottoman, ce serait chose téméraire que de se fier à ses paroles pour l'exécution de telles mesures en des lieux dépourvus du plus élémentaire système de contrôle sanitaire.

La Porte aurait, du reste, à revenir sur tout un passé de tolérance dont ne manqueraient pas de se prévaloir les populations fanatisées, pour lesquelles le pèlerinage à la Mecque est l'acte le plus agréable à Dieu.

De là à une révolution il n'y a qu'un pas. Les tribus avoisinantes des lieux saints de l'Islam ne semblent reconnaître la souveraineté des Sultans, déjà si ébranlée, que pour mieux faire dominer leurs lois et plus sûrement défendre leurs privilèges à l'abri de ce pouvoir sans cesse menacé. Ils seraient les premiers à écouter, cette fois encore, les intrigues appuyées de livres sterling arrivant sans qu'on les appelle. Le Schérif de la Mecque, descendant direct de Mahomet, n'attend qu'une occasion pour secouer le joug exécré des Osmanlis ; tout en s'emparant du califat usurpé par les Sultans de Constantinople à la suite de la conquête de l'Egypte par Sélim Ier (1512), il ne serait pas, nous en sommes fermement convaincus, le dernier à battre en brèche les efforts du gouvernement impérial. Il ne lui serait pas d'ailleurs difficile de profiter du peu de prestige qu'a gardé le Sultan dans ces contrées, à la suite de la dernière invasion russe.

Chercher à combattre le mal en laissant aux Arabes la faculté de paralyser les efforts de la Sublime-Porte, équivaudrait à l'obligation pour celle-ci d'avouer son impuissance morale et matérielle ; de plus, toute l'Arabie soulevée, les résultats obtenus seraient, de tout en tout, contraires au but poursuivi.

Il faudrait, nous le pensons, pour que tous

les efforts tentés soient couronnés de succès,
que les puissances réunies en un congrès dé-
crètent d'autorité la suppression des pèlerinages dans les conditions dangereuses où ils
se font de nos jours, et assurent par une occupation militaire européenne, non seulement le
blocus des côtes, mais aussi la tranquillité dans
l'intérieur du pays. En sa qualité de Calife,
le Sultan ordonnerait un fetwa, ordre sacré,
que les armées d'occupation seraient chargées
de faire respecter.

Dans de telles conditions, dix années suf-
firaient pour refroidir l'ardeur des plus achar-
nés disciples des pèlerinages et rassurer le
monde sur le danger dont il est sans cesse
menacé par ce centre de contagion.

Il ne pourrait en être autrement dans ce
pays où la nature, rebelle à toute culture bien-
faisante, n'offre rien, même en temps ordi-
naire, à la subsistance de ses habitants. L'eau,
cet élément salutaire par excellence dans des

contrées continuellement calcinées par un soleil ardent, manque non seulement aux usages de la plus sommaire propreté, mais aussi comme breuvage. Les sources avoisinantes, qui auraient presque suffi à l'alimentation des citadins, ont été captées par les Califes au profit du Zemzem, puits sacré où, dit-on, le Prophète venait faire ses ablutions.

Cette eau est l'objet d'une grande vénération ; elle est ordinairement vendue enfermée dans des calices spéciaux et transportée dans tous les pays musulmáns. L'origine de ce puits remonte à Abraham, qui, sollicité par les idolâtres altérés, en fit jaillir la source en frappant sur un rocher.

Sur tout le parcours des saintes caravanes, le chemin, à défaut d'autre indication, est tracé par les chárognes d'ânes, de chevaux, de chameaux gisant là, abandonnés aux vautours.

Parmi les malheureux pèlerins embarqués

dans un élan de fanatique ivresse, sans res-
source, confiants en la générosité tardive de
leurs coreligionnaires, beaucoup viennent
disputer aux oiseaux de proie, sur ces corps
en décompositon, des morceaux de chair
taillés dans la partie la plus estimée.

Peut-on les en blâmer ? C'est, pour ces in-
fortunés, le seul moyen de ne pas mourir d'i-
nanition ; et combien ne s'en trouve-t-il pas
qui tombent pour jamais au bord du chemin,
à deux pas des lieux où leur âme devait im-
médiatement monter vers le séjour de la
béatitude éternelle !

Comment ne succombent-ils pas tous aux
miasmes délétères qui se égagent sur tout
le parcours d'une caravane ! Et comme si cela
ne suffisait pas, chacun des pèlerins survivants
juge à propos, selon l'usage, d'immoler au
moins un mouton dont il est méritoire d'aban-
donner la chair aux délices des oiseaux car-
nassiers.

Qu'advient-il lorsque, dans ce foyer de putréfaction, la fièvre typhoïde, le choléra, hôtes accoutumés de ces parages, arrivent à se créer un champ abondant de victimes, au milieu de ces fanatiques, ivres de joie en voyant la mort jeter sur eux son dévolu macabre !

Peu leur importe si le germe qu'ils nourrissent va se propageant de contrée en contrée : leur esprit est trop opposé aux suggestions du bon sens pour que la persuasion puisse d'une façon efficace agir sur l'ahurissement de ces hordes dont le délire augmente avec les chances de mort qui se présentent sous leurs pas.

Dans le cas tout spécial qui nous concerne, des susceptibilités bâties de sentiment ne sauraient prévaloir, et l'Europe civilisée, si elle ne sévit pas contre ceux qui sont incapables de comprendre les grandes lignes de l'humadité, se rend complice de ces mécréants dont

l'esprit est fourvoyé dans un dédale de pré-
ceptes admirables qu'ils ne savent que dé-
figurer en imposant au dogme. libéral par
excellence les entraves de leur ignorante et
fanatique présomption.

Céleste Artusiat.

Smyrne, 15 novembre 1893.

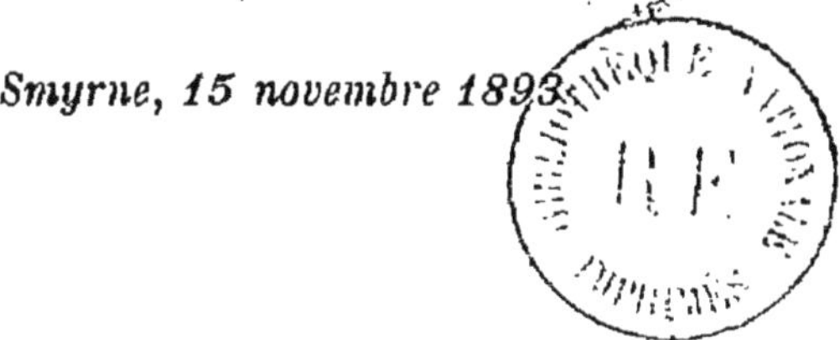

POITIERS. — TYPOGRAPHIE OUDIN ET Cie.